Hendrik Rost
Das Liebesleben der Stimmen

Hendrik Rost

Das Liebesleben der Stimmen

Gedichte

Wallstein Verlag

Für Tilda, für die Jüngsten

Bibliografische Information der Deutschen
Nationalbibliothek
Die Deutsche Nationalbibliothek verzeichnet diese
Publikation in der Deutschen Nationalbibliografie;
detaillierte bibliografische Daten sind im Internet über
http://dnb.d-nb.de abrufbar.

© Wallstein Verlag, Göttingen 2016
www.wallstein-verlag.de
Vom Verlag gesetzt aus der Stempel Garamond
Umschlaggestaltung: Susanne Gerhards, Düsseldorf
© SG-Images unter Verwendung von Fotos:
Happy Tilapia Fish Isolated On White, Nile Red Tilapia Fish,
Tilapia Fish Profile © Ammit, Fotolia; Rote Äpfel
© Womme, Fotolia
Druck und Verarbeitung: Hubert & Co, Göttingen
ISBN 978-3-8353-1777-2

Diese ganze Landschaft ist nirgendwo.
Fernando Pessoa

Handhabe

Jetzt noch glauben an die Kombination im Innern.
Jetzt noch eine Nacht dazwischen liegen lassen.
An Zeit glauben, die über Ozeane streicht,
und dazwischen eine Nacht liegen lassen.
Daran glauben, an Metaphern und an Steinzeit,
den Zahnlosen, der das Werkzeug Ich entdeckt.
Vor allem glauben an das Gelb der Wespen,
an das Schwarz, das als Nacht dazwischen liegt,
an den Stich glauben, an Strich in der Landschaft,
Sticheln im Rachen. Eine Nacht verstreichen lassen.
Jetzt noch glauben an Erwägen. Dann weltumgoldet:
der Entschluss. Eine Nacht dazwischen lassen.
Am Morgen an Material glauben, Magritte, an Stil
als Projektil, an seine Reise durch die Nacht.
Noch glauben, dies ist die virtuose Zwischenzeit,
glauben an das neue Joch. Keine Routine lassen.
Jetzt. Und sichere Nächte keine. Keine Methode.

Heidenspaß

Clash

Ich schaue in die Nacht und der Mond ist da.
Spaziergänger sind da, die ihre Hunde um Ecken

scheuchen, schwarzes Täschchen voll Losung
in Händen. Schau und die Geister der Vergangenheit

sind da. Schau ins Dunkel und sie sind anwesend.
Ein Kommen, ein Gehen. Schau der Mond, er,

wie alle, entstammt einer Kollision, innerlich glühend.
Schau, wie schwer vergänglich ein jedes. Bis oben

voll Blut. Anziehung ist erkaltende Wucht. Und ab und zu
sagt ein Alter oder ein Kind, die keiner für voll nimmt,

etwas Gravierendes über die Dinge und die Vorstellung,
und das könnte alles ändern – mit blindem Mut.

Für Ding und dich und mich, für alle Irdischen. Schau,
wie bleich alles wirkt auf lange Sicht bis zum Stillstand

der Kräfte. Schau in die Nacht in den Nächten. Erst
träumt es sich von guten, dann von anderen Mächten.

Nach dem Stolpern

Das Wesen des Steins ist steinhart.
Ich weiß es aus eigener Erfahrung.
Für jeden Einfall gibt es Beweise.
Aber Sachlichkeit ist keine Option,
wenn man am Kinn blutet. Dann
übernehmen andere Kräfte die Kontrolle.
Da liegt er, der Kiesel, unschuldig
seit der letzten Steinigung.
Lange wartete er in einem Vorgarten –
vergessen fast, vergessen
ist fast, was Kieselsein heißt.
Das Wesen des Stolperns ist Inspiration.
Mir fällt nicht gerade ein Roman ein
im Übersprung, aber ohne großes Getue
spüre ich tief im Rachen die Sprache,
sie ist noch intakt, trotz gebrochener
Knochen. Die Töne ruhen da.
Für jeden liegt irgendwo ein Kiesel.

Utah

Auf zweitausend Meter Höhe wächst
dichter Nadelwald und es geht noch
höher, die Felsen sind von dem Grau
schwerer Wolken und es sind Wolken,
in denen parken wir ein und steigen aus.
Die Gegend jenseits aller Staatsgewalt.

In der Nacht stehen funkelnde Augen
am Straßenrand – Rehe, so groß wie
unbeteiligte Beobachter, oder doch
eher Apostel vergangener Gläubigkeit.
Am Morgen erwachen wir am Fuße
eines Riffs aus Trümmern von Babel.

Wir wandern lange durch einen Canyon
und erreichen einen Wasserfall. Zwei Indianer,
Vater und Sohn, fischen in dem Trog, aber
brechen auf, sobald wir eintreffen. Das Wasser
ist eiskalt, tief und klar. Ich finde die Kurbel
einer Angel am Ufer und laufe den *Ute* nach.

Der Junge sieht durch mich hindurch und
sein Blick reißt mich fort in eine Landschaft
ohne mich. Keinen Tag würde ich überleben in
diesen Augen. Sein Undank ist ein Sakrament
wie die Taufe Verstorbener. Ich beiße an.

Morbus

Selig, wer in Träumen stirbt
Clemens Brentano

Hörst du Namen korrodieren, hörst
du, wie sie verbrennen, wie du
nicht mehr bei Trost bist, wenn
Ding und du sich nicht erkennen?

Du wolltest was? Wörter wiegen?
Spüren, wie leicht es ist, ein Lied
zu trällern? Wolltest aus Grillen und
Träumen Informationen kriegen –

über den Mond vielleicht, die
Stille zwischen Versen, die brüske
Liebe zu den Schemen dort im
Schatten, die Sätze wetzen,

wie du Sinne schärfst. Du wolltest
das Glück und die Begriffe zurück
aus ihrem namenlosen Schlaf.
Hörst du? Wie still alles oxidiert.

Heidenspaß

Ein Wanderzirkus lockt mit erhabener Schäbigkeit
als Programm. Zwei verfilzte Kamele angepflockt,
in den Augen die tote Vorstellung einer anderen Wüste.
Und Kinder kreisen auf Rädern in immer engeren Zirkeln
um den Festplatz. Man kann das Türkis der Douglasien
vor den Häusern im Ort sehen, eine fingierte Oase,
Forsythiensignale. Rote und blaue vergilbte Bahnen
bilden ein Zelt, darum grasen ein paar Ponys, Freaks,
junge Männer mit Tintenträne und gelenkige Mädchen
trainieren Tricks, von Saltos über innigste Figuren

bis zu Gesetzen jenseits der Physik. Wo ein Körper ist,
da müssen weitere sein, die sich nicht schämen.
Zur Feier der Phänomene kommt ein Unwetter vom Friedhof,
ein Esel, bockig, wie jeder es mag, bleibt im Regen
stehen. Sehr verliebtes Publikum! Der Direktor kündigt
die Nummern an. Die Vorstellung beginnt mit einem Menschen,
der im Staub kniet, oder einem, der den Wein ausschenkt.
Die Karawane bleibt kurz, wer weiß, für wie lange oder woher
sie gekommen ist. Ich könnte mich ohrfeigen: Applaus
für jedes verpasste Spektakel, jede verpasste Liebkosung.

Mythos GmbH

Der Rücken des Tiers,
auf dem ich sitze,
ist ein Bürostuhl, Teil eines Apparats,
der Stück für Stück
Tatkraft vernichtet, die Arbeit,
die ich verrichte, hilft mir
gegen dumme Gedanken
und kontrolliert meinen Feinsinn,
ich freue mich über die Belohnung,
wenn einer Nervennahrung
auf den Tisch stellt.
Ich leiste
Stunden ab – Zeit,
die mir bleibt,
ich nutze sie fleißig,
um fester im Sattel zu sitzen.
Manchmal spüre ich den Atem
des Tiers unter mir,
das meinesgleichen verdaut.
In dieser Position
bin ich der, der seine Arbeit
in Zukunft für die Hälfte macht
oder gleich für lau.
Ich leiste mir die Rebellion,
ahnungslos zu sein
an meiner Stelle.

Rosinante

Auf unserem Staubsauger ritt ich mit,
wenn er mit dumpfem Urlaut durch die
Zimmer gezogen wurde, warmer Wind
wehte aus der Geschichte – der breite
Rücken gebeugt vor mir. Klick, Klack
schoss irgendetwas durch den Schlauch,
im vollen Beutel fand sich im Staub
der Woche eine fossile Glasperle,
ein verlorener Ritter mit gebrochener
Lanze. Das war ich, der mal aus Wut,
selbst saugen zu müssen, den Stutzen
ins Aquarium hielt, um dort zu jagen
nach Guppys, bis das Gerät Schaum
spuckend verstummte. Wer erinnert sich –
verstrickt in ein Vlies aus Flusen und
Schmutz liegen Dinge, die zu Boden
fielen, lange vermisst. Ein Sog zieht.
Alles raus jetzt aus dem Paradies.

Archetypisch

Der Räuber tappte in die Falle
und hinterließ ein unscharfes Foto.
Anderntags lag er positiv am
Straßenrand. So ein Tier in vollem
Lauf aus fernen Reichen im
Osten. Ein Wolf, freigelassen
zu später Stunde, so lautete es
in der Presse der satten Stadt.

Geschäfte, in denen wir eben
noch gewesen sind, jetzt sind
sie verrammelt oder gehören
großen Ketten. Dass man sich
fürchte. Der überfahrene Lupus
von neulich ist ein Vertrauter
aus den Mythen – etwas mehr
Geheul fordert auch der Mond,
der treue, hinter den Wolken.

Notier die Möglichkeit, dass in
dir etwas nach Freiheit drängt.
Schrecken kehren nicht zurück,
einfach so. Eine Stimme aus der
Tiefe: Es wird viel versprochen
und noch mehr gebrochen. *Hier
und da fehlt ein Huhn.* An der
Wand schmunzeln Trophäen.

Für Sylvia Geist

Hausgeburt

Als sie nachts ins Reich der Wehen eintrat,
war das ein für mich verschlossenes Gebiet.
Als Gefährte für alle Fälle blieb ich in der Nähe
und ertrug immerhin mein Staunen. Sie stieg
in die Wanne. Eine Stunde benetzte ich sie
mit warmem Nass und stellte mir kurz vor,
eine ungeheure Gans im Ofen zu übergießen,
bevor ein Familienfest begann. Dann kam es,
ungestüm. Ich rief die Amme, zur Stunde
der Hundswache – und sie schaffte es nicht.
Ich hob die Liebste zurück, in die Schwerkraft,
auf zwei Beine, bis vors Bett, wo sie kniend
zuerst einen Knall gebar, als die Blase platzte,
dann ein Gesicht, das ich festhielt und mir
in die Augen schielte. Ganz wie das Passfoto
eines Unbekannten, vergessen im Automaten
am Bahnhof, fiel mir die Reisende in die Hände.
Dann war sie da, und wir akzeptierten alles
und alle Umstände sofort. Sich umdrehen und
sehen, wen es noch so gibt, das ist Identität.

Prager Vogel

Derart invalide ist Minne
unter Wesen – das da, Kopf
ist es einer toten Dohle,
ihr Korpus hängt überm Zaun

in der Lockrufsiedlung,
ein Auge in der Höhle noch,
eins weggegangen leise auf
Freiersfüßen der Asseln und

Tausendsassas. Derart ist die
Dohle, der innen hohle Schädel,
durch und durch voll Ironie –
nie identisch genug mit sich

ist ihr Lied. Fleisch würde
immer beben. Die Verbindung
ist verloren. Der Kopf, er will
abheben: Wo ich bin, ist vorn.

Katze unter der Zunge

Selected Tweets

Heute habe ich bestimmt, dass das alles
nichts mit mir zu tun hat.
Ich habe kein Gedicht von Peter Handke erlebt.
Verstopfung ist ein Volksleiden,
und es sind mehr Drogen im Kreislauf,
als gedacht ist: Heilsam ist das sicher nicht,
keine Entscheidungen treffen zu können.
Jugend mit Freiheit zu verwechseln.
Und kleine geheime Gedanken
für mehr zu halten als kleine geheime Gedanken:
sich zu hassen, weil man gern hörig wär.
Die Frisörin hat mir zwei lange Haare
aus den Augenbrauen geschnitten.
Ich fühle mich jetzt vollkommen nackt
und decke mich zu mit den kuscheligen Fakten
Liebe, Schönheit, Tod.

Sieben Tage, ein Sommer

Eine Weile Imagination, die so lange währt
wie eine Strandszene ohne Verstand, das Gegengewicht
zu Curriculum Vitae, und in Nahaufnahme

schmückt sich der Wassersaum mit Gries der Evolution.
Eine Woche, die sich weitet, wenn wir Ergriffenheit
mieten angesichts der See. Ein Gimmick für den Kortex.

Spielen in Wellen – gestörte Logik, gehörte Innerlichkeit.
Treibgut, rundgewaschen vor gefälteltem Horizont,
orakelte die Zukunft: Mehr als Einbildung ist mickrig.

Eine Woche Krebsscheren, Walrippen, Hühnergötter.
Stell dir vor: Ebbe schlägt Flut. Die Metrik der Tide
und in der Nautilusschale blutet ein Sommer.

Gartenteich

Der pralle Hinterleib der Larve
ist vorn nichts als Klauen.
Durchschaubar das eigene
Gesicht auf der Oberfläche,
dahinter flimmern Wolkenhaare.
Sanft atmen Wanzen kopfunter
zwischen den Elementen, und
in der selbst gegrabenen Grube
versinkt nichts Lebendiges, ohne
Leben zu spenden. Schnecken
wiegen das vom Herbstwind gefällte
Blatt auf – die ganze Fauna das,
was man eigentlich weiß. Kitsch
der Gefühle, Kitsch der Theorie.
Wer stillhält, wird geweiht
von Vögeln, die da baden.
Bewegen ist Erschrecken.
So viel Zeit durchgereicht
nach unten bis zu kleinen
versumpften Wesen, die
vergessen selbstvergessen
lauern, staunen, schlüpfen.
Die daliegen auf den Steinen.

Vom Schreiben in Versen

Wenn du den Tag also getötet hast,
mit Demut, Pflicht und ohne Fledermaus,
säg noch ein bisschen weiter an dem Text,
auf dem du sitzt. Du musst in Phrasen
denken, denn sie kennen dich vom Lesen.
Vielleicht spürst du als Gift die Emotionen
in dir oder den klaren, rüttelnden Takt
schöner Technik. Such dir große Themen,
an denen du auf jeden Fall scheiterst. Nackt
wirst du sein, wenn die Idee dich schüttelt.

Schreib noch ein bisschen, so wie alle,
die vergessen, verraten werden wollen.
Spür, wie die Silben dir die Epidermis
zerkratzen, und du verlierst die Kontrolle.
Dann bist du, was du liest, sinnliche Frucht
in einem Baum, der keine Früchte trägt.
Da bist du eins mit deiner alten Sucht
nach Bedeutung. Der Rest bleibt ungesagt.
Du sollst der Idee so wie ein Vers sein.
Seit hundert, tausend Toten. Sie lesen ihn.

Alle Sinne bestätigen

Ging mit Kleist um die Alster,
es ist in der Idylle auch Lülle, sagt er,
ist auch Pulver im Abschied,
dichtet er und zeigt auf den Reiher
im Schilf. Ist nicht falsch,
zu gewahren, jubelt er und
zielt mit dem Finger ins Blaue.
Schau im Schnabel eine Gabe,
da zappelt ein Maulwurf, rudert
mit Grabespfoten in Luft. Sagt er,
weine nicht um den Troglodyten,
der lernt jetzt fliegen, geht mit
der Vogelmutter, wird in der Kolonie
Futter fürs Kleinvieh. Kein Glück
für ihn auf Erden. Sagt er:
Wir wollten nie nur laufen
um den Wannsee, wollten im Grunde
ersaufen, nichts in der Welt,
das uns abhält, in aller Munde.

Vermächtnis

Alles, was ist, gehört zur Hälfte dir,
voraus noch dein halbes Leben,
im Regal deine Bücher gehören
zur Hälfte den Silben, das Bett
ist halb deins, den Rest besitzen
vermutlich die Milben. Hüte dich,
das Herz für voll zu nehmen –
ein Schlag gilt dir, der nächste
in der Suppe dem Tier, das dich
aus dem Fett ansieht mit großen
Augen. Deine Freiheit, ein Atoll,
die Hälfte Paradies, die andere Lager.
Was dir auf der Zunge lag, das fiel
auf die lesbare Hälfte in den Staub.
Leer flattern die Lippen im Wind.
Dein Reichtum: zwei Lungenflügel,
Ruhe, halb, und ein halber Sturm.
Atme ein als Kind und aus als Kerl.

Honig für den Sturm

Ein Rudel Laute

Es gibt noch Stimmen mit schwarzer Zierde an den Rändern.
Aufstieg und Fall sind in der Welt als Erzählung. Was über Licht
gesagt wird, ist kaum zu unterdrücken, ein Nachgesang, der x-te.

Stimmen und Stimmchen sagen: Hab mich lieb. Nenn mich
beim Namen, der nicht versagt. In Speichel gelöst schon lang.
Du sollst die Schönste neben dir am fremdesten schmücken.

Keule

Der Sturm wirft ein wunderbares Wort
auf die Terrasse, Kobel, brüllt er,
und die Kinder schauen neugierig nach
in dem verdichteten Gemach.
Sie finden: ein Junges oder zwei. Drei.
Oder mehr. Am Ende entwirren
sie vier Wesen aus dem Stroh, dem Heu.
Die Mutter huscht durch die
kahlen Äste, Wechselfrucht, perplex.
Wir treten zurück und warten,
wie sie das interpretiert, bis es dämmert.
Dann holen wir die Tierchen rein.
Der leere Kobel trollt sich mit dem Wind
ins Dickicht. Seine Fracht halten
wir warm. Verloren ist eine andere Form
von geborgen. Den Flöhen gehört
das Fell – von Fiepen in hohem Ton
bis nach unten zu den Parasiten
wimmelt Leben aus dem Käfig in die Sinne.

Romantik geht in Rauch auf

Rattus rattus ist die Schiffsratte. So viele
Szenen sind in den Erbanlagen. 25 Millionen
Opfer allein im 14. Jahrhundert der Zeit-
rechnung seit dem Erlöser. Vom Floh
auf den warmen Körper des Nagers,
so erwacht ein Virus aus asiatischen
Einöden, mit Wüstenrennmäusen
an den Rand Europas gepilgert,
Yersinia pestis im Gepäck.
Dort schiffte der Erreger sich ein
und segelte an alle Gestade.
Die *Empusa* brachte Graf Orlok
zum heilen Ort Wisborg. Eine innere Blutung
ist die Melancholie. Der Vampir
im Film steht für die beseelte Natur –
sie fordert ihr Recht ohne Reue.
Ihr Wüsten und du stiller Wald, lebt wohl
mit euren tiefen Gründen, schrieb
Martin Opitz. Unreine Reime lehnte er ab
und starb 1639 in Danzig an der Pest.
Die Toten schwofen. So ändert sich die Welt
der Boten und Erreger. Aus Wetter
wird Wandel, der kalte
Retter ist Überträger. Jenseits
des gleichnamigen Gemäldes
sieht die Frau am Fenster: Ein weißer Dampfer
am Kanal, er trägt Schicksal herauf und
füllt Scheunen und Häuser. Altweltmäuse
tuscheln im Schatten als verlorene Stimmen.

Westrom, Lummerland, Aleppo

Der Norden stockt in Innerlichkeit. Mehr Ideen
als Verstand irren im Kopf, wenn vorm Schlaf
die Beine rastlos werden. Aufbruch ist nötig,
ein bisschen Fleisch und Fantasterei für alle.
Am Morgen sind neue Verse ins Bewusstsein
eingedrungen. Dann Schlagzeilen über Vandalen
am Kiosk, viele Reiche erneuern ihre Zäune.

Alles ist draufgegangen für die Reise – die Kinder,
die Körper. In der Nacht auf See, wo Himmel
und Wasser nicht zu trennen sind, gleitet
der Nachen in leerem Raum – niemand weiß,
wer Hüter ist, wer Jäger. Keine Wahl zu haben,
ist das Übelste. Blicke zu senken. Vor Göttern
zu fliehen, das macht stark. So ist die Welt.

Das Volk. Manche sind Ingenieure, Tagediebe,
Krankenschwestern, Huren, Väter oder Söldner.
Viele sind defekt. Wer es mit den Augen hat, geht
unterwegs verloren. Besser als den meisten lieb,
kennen sie Begehren. Schwärmen von Arbeit,
die bezahlt wird. Was zu tun ist, das wird getan.
Wo Grenzen gezogen werden, geht es erst los.

Ich zu sagen, das ist schon gewagtes Palaver.
Keiner war schon immer hier – diese drei Zimmer,
diese Sippe. Ist wohl durch anderes Blut gewallt,
eine Liebe in äußerster Mongolei mit mehr
Geschick als Glück. Im Schlaf knurrt der Rüde.
Überall brechen Wanderer auf im dreißigsten Jahr.
Die einen bringen Wunder, die anderen Parolen.

Gartenarbeit

Eine Raupe, in ihrer Trägheit, und eine Ameise,
in ihrer Flinkheit, sie begegnen einander auf dem Rasen.

Ameisen sind keine Fantasten – so geht sie sofort
zum Angriff über auf die Larve. Man kann sie förmlich riechen,

die Chemie der Gnadenlosigkeit. Ich wage ein wenig Empathie
mit der drallen Nimmersatt, aber greife nicht ein.

Nein, Wesen aus der Kreidezeit sind zu allem bereit,
nur Ausflüchte sind nicht zu erwarten. Im Leben kommen sie

nicht auf den Gedanken, untergeben zu sein. Die Raupe
duldet, rollt sich ein, pocht so koronar. Die Ameise

hat jetzt Verstärkung erhalten. Es sind zu viele,
sie zu zählen, immer würde eine fehlen – grob geschätzt:

Es sind alle plus x. Ein paar Dutzend Exemplare könnten
ein menschliches Herz in neue Dimensionen tragen.

Phlegma und Hatz. Es schlägt und zuckt, zu allem gewillt.
Ein gordisches Netz bilden Wege im Gras. Thema verfehlt.

Affekte

Schmerz, der verspürt wird, ist nicht das Schlimmste.
Bis jemand meine Fehltritte auf sich genommen hat,
wusste ich nicht, dass vermutlich auch ich Sünder bin.

Jeden Schritt begleitet das Knie mit seiner eingefleischten
Ironie – die sanfte Bewegung hilft dem Gelenk, sich Schmerz
vom Leib zu halten. Er geht knapp hinter mir, nicht aus Scham,

sondern als reines Gewohnheitstier. So hebt er das Bein,
markiert sein Revier. Überall Lahme, Blinde, Vergessene,
die ihr Heil in der Erwartung versäumen, unsterblich zu sein.

Doch Pein ist eisern, unendlich treu. Chronisch dressiert,
bin ich selbst kein Tier mehr, das nie irrt, weil es nichts weiß.
Bin Kreatur, werde wie Greise vertröstet: Das ist Verschleiß.

Poetenverfügung

Wenn ich sterbe, soll es beginnen,
das selbstvergessene Leben –
verfahrt mit mir, wie ihr beliebt,
aber die Asche verstreut am Fluss,
wo wir Kinder an Sommertagen
Klebstoff schnüffelten und zusahen,
wie die Bisamratten die Böschung
untergruben. Ausgehend von meiner
heutigen Verfassung habe ich nichts
gegen geistige Einschränkungen,
sie gleichen dem ewigen Lernen:
Am Ende ist alles vergessen. Furcht
vor Bindung und nie dazuzugehören.
Bin ich so dement, dass ich dieselben
Verse immer wiederhole, stellt
den Ton ab. Bringt mich an einen
sicheren Ort, wo die mutmaßlichen
Erinnerungen ausgeschlachtet werden.
Ich stimme der Entnahme von
Zitaten uneingeschränkt zu.
Soll es ihnen besser ergehen
als einer Vita. Und meine allerletzten
Stunden verbringe ich sehr gern
im Beisein eines fachlichen Beistands,
der mich zwar spät, aber letztgültig ein-
weiht in die Geheimnisse der Metrik.
Wie Ideen in Dingen leiden!
Bis auf besseres Wissen gilt Intuition.
Die Stimmen, räusper, noch glühen sie
wie ein lange behaupteter Sommer.

Pathos

Manche sagen, das Schönste,
was es gibt, das sei ein Buch
ohne Seiten, andere sagen,
ein Hund mit drei Beinen
auf einer Kriegsfotografie.
Das Schönste, was es gibt,
sagen einige, sei ein Gesicht,
das aus seiner Rolle ausbricht
und anfängt zu weinen oder
zu staunen: Eine ganze Flotte
von waffenstarrenden Schiffen
kommt den Fluss hoch. So sehr
ist er innig erwartet worden,
der Wandel, und dann fliegt er
in die Arme mit dem Wind.
Im Wesen des Kampfes liegt es,
dass einer besiegt wird. Helena,
sie verließ Mann und Kind für
einen anderen Kerl und den Tod,
so wie er jeden liebt und holt.
Angenommen hat sie ein
Geschlecht, das es gar nicht gibt:
nicht geboren, um Gefallen
zu finden. Sie bettet Reiz für
Reiz auf herausgerissene Seiten
und lässt sie ablecken von
Kötern. So lernt sie zu leben
in verlorenen Gesängen.

Gedächtniskunst

Als er nach Jahren aufschaute vom Papierberg,
lag in ihren Armen ein Kind, das hatte das Weiß seiner Augen
und das Blau ihrer, im Hintergrund die Welt
war eine Fototapete mit Vulkanausbruch wie zu Anbeginn
der Zeit, die in den Schläfen tickt: Mensch, Mensch, Mensch.

Er erhob sich aus eigener Kraft von der Krankheit
der Vorstellung und spürte, die Stärke ist das eigentliche Leiden.
Der Gedanke der Ganzheit teilt sich so lange, bis sie in tausend
Namen zerfällt, Blümchen und Bitterstoffe, Enzian,
abgründig wie Glut.

Nach Jahren sah er, dass alles, was er sich ausgedacht hatte,
schon gewesen und vergangen ist oder nicht zu verstehen.
Das Kind in ihren lieben Armen, es war bereit für offenen Streit:
Erheb deine Stimme also und schreib!

Hegeljahre

Die besten Ideen kamen beim Abtreten
von Spiegeln, zack, die Straßenflucht
runter, voll Zärtlichkeit und Gefühl
für Existenz außerhalb, außerhalb
der Zwänge. Das Ganze – Kapriolen
mit erfundenen Körpern, die preisen,
wimmern, jammern und liebkosen.
Hier ist die Rose, hier tanze.
Manche sind ja geborene Mimosen.

Die Nachmittage vergingen mit
Orientierung, Grau in Grau gemalt.
Alle Fakten sprachen mit Gewalt
gegen Fiktion. Während die Ersten
ihre Talente gegen Berufe tauschten
und Sofaabende, blieb Gespür für
Ideen – dass einer den Nacken packt
und fragt, was man gerade denkt.
Nichts, nur das, was du verlangst.

Ich zog mir eine Zunge

Petrarcas Touristen

Laura ließ vier, fünf über sich steigen,
nur den mit dem krassen Ekzem nicht.
Unser Maskottchen. Ich hatte zugesehen,
fast mitgespielt, wie sie mit Wein
und Dope abstumpften, Dopplereffekt,
wie sie es nannten. Wir, ein Jahrgang
vor der Reifeprüfung vereint auf Reise
nach Süden. Von Tempel zu Ruine rannten
und bestaunten wir die ungeheure Flut
des Gardasees. Aber an Schändungen
lag mir nichts. Ihr bringt's nicht, sagte sie
und führte schließlich eine Flasche ein.
Ich ging in den Schlafsaal und spürte
beim Einnicken die Erregung: Die Welt
als ein Ventoux und wir sind Touristen.
Am Morgen ging ich früh zur Promenade.
Ein Sprung kopfüber in das eisige Wasser
nach dem Rausch und das Herz setzte
kurz aus. Schlag, dachte ich tauchend,
schlag, und fand mich selbst im Tausch.

Ich zog mir einen Falken

Das Riesenfingertier ist ein ausgestorbener Primat
und über seine Lebensweise weiß man nichts,
seine Zähne wurden verarbeitet
zu Schmucksachen, nachdem Menschen
vor 1.500 Jahren Madagaskar erreichten.
Anderswo, in Amerika, sah es düster aus
für den Blauen Glasaugenbarsch.
Über seine Lebensweise ist wenig bekannt –
im September 1983 wurde er offiziell
für ausgestorben erklärt. So viel wissen wir:
Verschmutzung, Überfischung, Verdrängung.
Die Magenbrüterfrösche, die in Australien lebten,
sind ohne ersichtlichen Grund verschwunden.
Das Weibchen schluckte die besamten Eier hinunter
und nach zwei Monaten des Fastens schlüpften
aus ihrem Maul die Nachkommen.
Was einmal im Kopf ist – so schnell
geht es nicht wieder hinaus und will geliebt sein.
Aber kein Bild entsteht bei dem Namen
Tobias-Köcherfliege. Kein Andenken.
Sie war heimisch zwischen Köln und Mainz.
Eine Suchexpedition im Jahr 1980 blieb erfolglos.
Beim Kopieren des Erbguts wird Erinnerung an Löwen
in diesen Breiten nicht gelöscht: Die ständige Gefahr
hielt unsereins damals am Leben.
In der Nibelungensage erschlug Siegfried einen Ur
wie auf Höhlenmalereien verewigt.
Menschen und Löwen setzten ihm zu.
Die verbliebenen Exemplare lebten in der Nähe
von Warschau. 1620 starb das letzte wilde Rind –

in seinem Herzen trug es einen sternförmigen Knochen.
Rückzüchtungen gleichen Versuchen, Gedichte
im Stil Friedrich von Hardenbergs zu schreiben,
der im Jahr 1801 als *Novalis* die Welt verließ:
Wie ein König der irdischen Natur ruft das allerfreuliche Licht
jede Kraft zu zahllosen Verwandlungen,
knüpft und löst unendliche Bündnisse.
Nach diesem Muster starb der Pinguin der Nordhalbkugel aus.
Das letzte Ei des Riesenalks wurde im Juni 1844
durch einen Mann namens Ketill zertreten.
Was heißt trotzdem? Alles ist fremdes Land,
was liebt. Eine Fliege, eine von endlos vielen,
ließ sich neulich abends nicht fangen.
Morgens saß sie entkräftet an der Scheibe.
Ich konnte sie zwischen die Finger nehmen
und zum Sterben nach draußen vors Fenster setzen.
Noch nie habe ich einen Wanderfalken schön
fliegen gesehen. Schärfste Sinne, es gibt nichts,
was ihnen entgeht, und es muss schmerzen,
so wach zu sein, über allem schwebend.
Gefährdet, vorerst gerettet, immer in Not.
Irgendwo ist da in der Bewunderung
ein felsiger Vorsprung zum Brüten, eine Nische
in der Stadt für den Jäger, der seine Beute erschlägt
mit sich – ein allerletzter Einfall, ungemein schnell.

Mandränke

In den versunkenen Städten geht das Leben weiter,
Züge gleiten verspätet ein, Glocken gluckern feiertags
zu Ehren der Götter, die versunken sind wie ihre Statuen.
In den gefluteten Parks füttern die Einsamen Schlafhaie
und aufdringliche Kalmare. Bei der Liebe schwimmen wir
auf und halten uns aneinander fest unter der Decke.
  Blutgerinnsel, politische Gegner, Konservierungsstoffe.
Die da oben in der Nachwelt denken zu viel an ihr Ende.

Im Meer wird alles Sprechblase. Will keine Worte.
Anpassung an die Umwelt – ein natürlicher Prozess.
Zuerst zerfallen Bücher, dann siedeln Krebse und Muränen
in den Regalen der Geschäfte, schwemmen aus Stallungen
Gifte und verteilen sich über den Blauen Planeten.
  Menschen, Meister, Mitläufer, alles hört auf zu atmen
und wird eins mit dem Wasser, das sie umspült.
Als gäbe es gar nichts außer versunkenem Leben.
  Unheimlich ist die Eigenart der Fische, ihre Augen
nie zu schließen. Sie spiegeln unseren Schlaf.

Die gerodete Zunge

Irgendwann wird jedem Kind klar,
was es Erwachsenen voraushat,
es weiß, dass das, wonach viele
oder alle sich sehnen, bestimmt wird
von alten Geistern, die sich Gehör
verschaffen, da sie nie verstummen.

Gleich hinterm Haus war Nadelwald.
Wir gingen zum Toben ins Gehölz,
wollten Gedanken jagen, die sich sonst
keiner macht. Überall Bäume. Krähen
riefen, Ameisen schichteten Hügel
auf, viele Weisen, Leben zu zerrütten.

Wenn Kinder beginnen zu verstehen,
ist es zu spät, das Verstandene mit
freien Augen zu sehen. Wenn man
jemals einen Einstieg ins Leben findet,
dann durch Brüche im Reden. Wirre
Stimmungen, spielerische Blasphemie.

Die Tannen standen da wie Namen,
standen stramm, stramm Wache auf Jahre.
Und in Kindern und Alten ist Sehnsucht,
ohne das einer wüsste, wem sie gilt.
Baum zu Wald – das ist wie Wuchern,
das durch Stimmen zum Erzählen wird.

Delinquenten

Der Saal, leergefegt nach der Lesung,
die Stühle in Reih und Glied verwaist,
ein vergessener Schal und ein Zettel
als Bekennerschreiben auf dem Podium
mit der Reihenfolge des Gelesenen.
Welt ist explodiert in der Fiktion –
es wühlet dein verstörter Sinn ...
Vielleicht erinnert sich einer der Zeugen
später noch an Ungereimtes, Gefühl
und Vortrag, an Idee und Prosodie.

Was für eine Vorstellung: dass jeder
gegen jeden kämpft im Abendland.
Verächter und Hüter. Belämmerte und
Agnostiker. Und oben auf dem Sprengsatz
der Tradition sitzen die Dichter, Schal
um den Hals, und lauschen Detonationen
aus vergangenen Zeiten. Sie glimmen
noch, die Verse, Scardanelli, Brentano,
Mörike. Und triffst du eine zündende
Empfindung, geht es hoch, das Wort.

Hänsel und Gretel

Wir brauchen Fleisch und essen Brot,
wir wollen uns am Leben mästen.
Die Hexe begehren wir und kosten
von den oralen, den verbotenen
Freuden. Geboren, um zu verspeisen,
prassen wir Mutter um Hab und Gut.
Wir sind schwärmerische Bedrohung
aus dem Schoß – wollen Erfahrung.
Ich lese heute die Mär den Kindern
mit Staunen vor, verbrannten Fingern.
Im Ofen ist noch immer genug Glut
für ein nächstes Mahl. Ist angerichtet.
Das Lied, das Leid, was ist, was war.
Hernach ein Ende – es wird vernichtet.

Adam schreibt

Weißt du noch, wie es war, als wir nichts wussten?
Ich erinnere mich vage an das Flüstern der Dinge,

bevor wir sie benannt haben nach ihrer Stimme.
Nächtelang haben wir nichts von uns gegeben,

lediglich Laute wie zutrauliche Tiere. Ich weiß noch,
es gibt Größeres als uns, aber daran zu glauben,

fällt mir im Traum nicht ein. Die Phobie vor Schlangen,
ihrem Züngeln, wer weiß, ob sie nicht doch begründet ist.

Ich wollte nie leiden – zu dumm, dass du Schmerzen
ertragen musst. Und sonst? Gewissheiten gibt es

wenige, aber die Auswahl ist unendlich. Ich liebe dich
abgöttisch und Arbeit ist stressig. Das alte Flüstern

verstummt, solange ich mich schinde. Ein Mysterium
bleiben die Namen, die Dinge. In diesem Sinne.

Anthropozän

Ich drehe den Garten, wie wir ihn kennen, um
auf links, in der Krume
liegen Relikte aus der Zeit vor den Menschen,
ein Verdikt Adornos, eine vergessene Partitur
Bachs.

Wir wollen richtig richtig richtig leben.

Ort und Stelle

Jeden Morgen steht einer an der Straßenecke,
ich fahre vorbei und er macht nichts,
er steht da, wartet, und er dreht den Kopf

in jede Richtung. Wie ein Wächter, ungerührt,
oder ein Hund vorm Laden, der weiß wem gehört.
Bei Regen steht er im Matsch, und er trägt

zu jeder Jahreszeit dieselbe Jacke.
Er dreht den Kopf nach links und rechts.
Jeden Morgen steht einer an der Straßenecke,

er steht da, und treffen sich unsere Augen,
dann sieht er mich nicht, er steht da und klopft
mit einer flachen Hand auf seinen Schenkel,

die andere hält er geballt, mit ihr zerreibt er
etwas Unsichtbares zwischen den Fingern.
Ich fahre vorbei und er macht nichts.

Er bedroht niemanden, während er wartet,
und wird nicht abgeholt, bevor ich komme.
Zu jeder Jahreszeit trägt er dieselbe Jacke,

er steht da, wartet, und er dreht den Kopf
wie ein Aufseher, der keine Augen hat.
Bei Regen steht er im Matsch, und er trägt

zu jeder Jahreszeit dieselbe Jacke.
Er wartet, etwas Unsichtbares, ungerührt.
Jeden Morgen steht einer an der Straßenecke.

Arthur im Jemen

Ich würde lieber nicht mehr, sagt die Fantasie.
Alles steht auf dem Spiel für den Sieger

in Liebesdingen, liegt er erst angezählt
im Bett. Fakten kommen in die Welt und

sind Flausen, *Maman.* Es sieht nach Regen aus.
Selbst ein Vogel ist aus der Vogelperspektive

etwas anderes. Es werden Strukturen wieder
und wieder gewendet. Auf ihrer Kehrseite

tritt ein von gefallenen Körpern gebildetes
Muster zutage. Das Gedicht ist das Gedicht.

Nichts sagt es. Wolltest du das hören?
Ich werde in Zukunft niemanden imitieren

außer mich. Tanzende Mücken neulich,
aus Schwärmerei habe ich sie inhaliert.

Liege ich jetzt auf tauben Gliedern still da,
bin ich dieses eine Mal unaufhörlich sterblich.

Mit Harry auf dem Kiez

An der Straße stehen nette Gestalten, die für Genitalien
Werbung machen. Und eine Wahl liegt an, die Kandidaten
entblößen sich auf Plakaten mit Versprechen,
die du knicken kannst: Freier Markt und fette Beute.
Ich gehe zu den Landungsbrücken, Kräne
auf der anderen Elbseite löschen unbekannte
Fracht. St. Pauli – Bildungslücke, die Alkohol schließt.

Der Fluss steht auf null, ein Schlepper umrundet
protzend den üppigen Rumpf eines Schiffs.
Wind frischt auf, wirft Möwen ins Bild. Jetzt kippt
die Tide, muss doch ins Meer der Strom. Schönheit,
die sich nicht ziert, gibt es zuhauf. Ein Säufer
johlt, Flaschen klirren, er läuft wie jener Freibeuter,

den alle verehren, Hals über Kopf vorbei, aber
der Morgen, über der Philharmonie wird er doch vollstreckt.
Abwischen, zahlen. Alle sind trunken, mein Herz,
aber was auch geschieht – keiner wird von Scharfsinn
lassen. Tumult voraus! Wer will schon nüchtern
über Freund und Feind richten.

Ein Poster für Vincent

Bilder von Malern, die zu Lebzeiten
nicht ahnten, dass sie einmal
verehrt werden als Meister,
die im Dunkel Flanderns Leib
und Leben ruinierten mit Bildern
von Licht und Manie, auf denen
oben und unten kommunizieren

um jeden Preis. Es geht nicht mehr.
Keine lange Reisen mehr durch
Landschaften aus wildem Müll.
Bis ans äußerste Meer reicht die
Schande aller Glücksversprechen.
Es geht nicht länger – sich neue Akte
einzuverleiben – zu reisen wie Blicke

über die Leinwand – alles immer
wieder umzuwälzen zwischen
Lenden und Brauen. Die Kunst
ist jung, gemessen an den Wesen,
die sie bevölkern. Über Ebenen,
auf Farbflächen schweben bisweilen
Lösungen. Die Antwort ist nein.

Kyniker

Wenn ich in Hunden denke, breitet
sich Ruhe aus ohne Grund.
Unser Rüde muss zweimal am Tag raus
und will wissen, wo es langgeht.
Schwer, sich klarer auszudrücken
als in Gesten und Kommandos:
Sitz! Schon glaubt man der Vorstellung,
dass der Hund sich freudig unterwirft.
Von anderen Illusionen hoffe ich,
sie nie bei Tageslicht zu sehen.
Wird er gestreichelt, ist alles,
was früher war und hätte
sein sollen, vergessen. Wir
müssen nicht laufend entscheiden,
wie offen das Leben noch ist
und wie besessen die Luft.
Der Hund lebt von unersättlicher Lust
am Rudel. Zu Füßen liegt er und
schläft. Sein eigener Liebesbeweis:
Es ist möglich, in der Welt zu sein.

Die Wespen des Vedanta

Zwei Wespen kollidierten
in der Luft und fielen
auf den Küchenboden.
So wie sie sich gegenseitig
umklammerten und zu stechen
versuchten, bildeten sie
ein rasendes Herz,
rotierten in wilder Wut
auf den Fliesen, ohne
dass eine von beiden erlahmte.
Es wirkt nicht bei gleichem Bekenntnis,
das Gift der Eindeutigkeit –
was diesem alles ist,
ist dem anderen eins.
Ich sah dem Spektakel zu.
Was zu wissen ist: Das bist du.

Heraklit

Geliebt zu werden ist Tag und Nacht
möglich und Temperament
bloß ein Dämon. Unsere Katze
geht heute auf Distanz und lässt sich
nicht streicheln – was weise ist,
unterscheidet sich von allem.
Und Wörter sind Spiele.

Es ist immer dasselbe, Gelesenes
wie Gewesenes. Ein Gewirr
von Sätzen an einem seidenen
Faden aus Sinn oder Sein.
Die Katze gähnt, sie
ruht in ihrem Feuer.

Meinungen der Menschen,
nur kindliche Kurzweil
für das Tier. Kein Interesse.
Und nicht vergessen:
Für die ganz oben geht
der Weg nur nach unten.

Scholastik

Die Chamäleons haben als Geschöpfe
einen Platz zwischen Engeln und Menschen.
Was sie von allen unterscheidet,
ist die Fähigkeit, die Augen
unabhängig voneinander zu bewegen.
Sie sehen zugleich Wesen und Existenz.
So schauen sie Gott,
nehmen seine Farben an
und zeigen Artgenossen, wer sie sind,
wie es ihnen geht und wie schön
die Farben leuchten, die sie erblicken.
Sie schreiben nicht,
es reicht ihnen zu sehen – bei Gefahr
lassen sie sich ins Stroh fallen
und stellen sich tot.
Eine Sünde gegenüber Chamäleons
wiegt unendlich schwer,
denn sie kennen keine Verteidigung.
Sie ahmen Materie nach und verschwinden.
In dem, was alle Natur nennen,
bewegen sie sich rhythmisch
vor und zurück wie Blätter im Wind.
Sehr, sehr langsam haben sie teil am Sein,
das alle Erquickung in sich birgt.

Aufklärung

Die Igelfrau dreht sich bei der Liebe
auf den Rücken, dachte man lange.
Schnaufen und Niesen sind die Stimme
dieser Tiere, die beim Paarungsspiel
zu Schnarchen und Sägen wird.
Ein Rätsel bleibt vieles – warum
schmieren sie sich, seltsam verrenkt,
schaumigen Speichel auf den Rücken.
Igelgalle half Menschen bei der Verschönerung
der eigenen Hülle. Je nach Ansicht
bringt der Igel Glück oder Unglück,
gerüstet, doch als Friedensheld.
Für Kant war Glück eher die Wohlfahrt
der Gesellschaft im Ganzen
statt die einzelner Herzen.
Die Igelmutter wirft zwei bis zehn Junge
mit jeweils gut hundert Stacheln.
Jeder Igel stirbt für sich allein.
Mutig bediene dich deiner Waffen.

Zwischen Magie und Frist

Feuertaufe

Hier ist das letzte Habitat
der Salamander: Erinnerung.
Es liegt so eine interessierte,
brennende Distanz zwischen
Wörtern – aus Flammen kriechen
immer neue Exemplare. Kalt
wie altes Temperament liegen
sie auf der Hand. Kalter Brand.

Und Vergessenes wächst wieder
nach gleich verlorenen Gliedern.
Byzanz und Rom, abgebrannt
bis auf die letzte Substanz.
Dem Gezüngel des Lebens,
ihm entspringen die Funken.
Im sanften Ernst der Lurche
ist alle Dauer, wird alles Feuer.

Dezemberbild

Als wir nach Seebüll kommen, ist es schon zu spät
für Gemälde. Beim Strandspaziergang

ist Sichtbares so koloriert, wie Nolde es gemalt hat.
In der Marsch ein Rastplatz für Wintergänse,

Kinderjubel, am Deich steht ein Imbisswagen. Menschen
in Paaren am Wassersaum mit denselben Nöten:

mit dem Wind oder dagegen? Ein großer Hund
kommt auf uns zugerannt und mit ihm die alte Angst,

gemeint zu sein. Schwingende Zunge, der Setter
hastet vorbei. Wir gehen weiter, atmen, Aerosole.

Und immer gehört zum Exzess auch Verlöschen.
Lachende Austernfischer sind unsere letzten Fragen.

Es gibt Rot, Grün, Blau – von ungemalten Bildern
bis zur Jungfrau. Da, ein flammender Untergang.

Lebensfries

Die Hummeln in späten
Blüten, Septemberhummeln
in ihren Nischen, wo du
dich tot stellst, den Kopf
gegen die Luft lehnst.
Luft, in der alles eine Frage
des Gleichgewichts ist
zwischen Magie und Frist.

Abwehr wird eine Form
der Hingabe. Du könntest
leben und den Blüten
einen Sinn geben. Mit
ihrem verflogenen Etwas
sind Hummeln in der
Welt – wie Geheimnisse.
Auch du bist Komplize.

Aus der Familie der Stimmen

Abends an der Hafenmole, einer hat einen Fisch
in die Sonne gelegt. Seine Haut ledern, die Augen
trüb, zu groß für das gärende Tier. Der Höhenzug
einer Wolkenfront steht mit Zinnen auf der äußeren
Seite des Gewässers. Dieses Durcheinander! Maschinen,
Miauen – und das Ufer leckt sich die Lippen. Stimmen
umgarnen sich gedämpft in der Republik der Ungewissheit,
Wispern, Flüstern wie auf der Suche nach dem Werk
für diese Woche in einer Bücherhalle. Was ich gerade
noch sagen wollte, das schwirrt mir als Silberfisch
im Rachen und entwischt in die Klarheit. Die Makel
anderer und eigene Fehler, sie sprechen sich frei. Die Tändelei:
der liest, jener schreibt – Verwechslungen, Haie,
nackte Fakten, und sie wiederholen seit je das Gleiche.

Belém

In Lissabon nahm ein Alte mit
zwei oder mehr Kindern meine
Hand, die den Bruchteil einer
Sekunde gezögert hatte, und las
Unverständliches zischend meine
Zukunft: Wie die feine Linie
von Eltern zu Kindern und weiter
ist sie geknüpft an die Erwartung,
dass Leben sich selbst prophezeit.

Sie hatte recht, die Kinder
an ihren Schenkeln schauten
mit Sonnenaugen auf diesen
Fremden, der es noch nicht
wusste: Zukunft ist alt genug
und abgebrüht, wen auch immer
zu empfangen. So wie sie gesagt
haben könnte, ist es gekommen.
Es ist zu spät. Also wehr dich.

Prototyp

Wusstest du nicht, es spricht nur eine Stimme
in allem, und sie ist sichtbar wie Licht.

Du hast nur ein Leben, nutze es,
sagen sie, um dir Produkte zu verkaufen –

kurz leuchtet das Wort Pro-fite auf beim Notieren
wie richtiges Wissen: woida, indogermanisch,

ich habe gesehen. Und so nutznießt du die Marotten
und Tücken dieser Zivilisation:

Protest und Ackerbau, Viehzucht und Grips.

Ware lockt in der Manier alter Meister
auf einer Werbetafel in der S-Bahn.

Korrigiere Leben in Leier, berichtige nutze es in nutzlos.
Dann geh zur Arbeit morgens

im ersten Licht und sieh zu,
sieh zu, wie alles spricht.

Welt ging verloren

Unsere lebende Familie feiert Weihnachten
im kleinen Kreis. Wir zünden die Kerzen an

und singen *O du fröhliche,* jeder in seiner Tonlage.
Was wir uns wünschen, ist Erfüllung.

Ich trinke zur Feier des Tages zwei Gläser Wein
vor dem Essen. Das macht immerhin selig.

Die unbelebte Sippe ist auch da. Flackernd
in den Flammen am Baum bringt sie Unruhe

in die Rührung. Unseren Singsang nimmt sie hin.
Wir streben, das Fest heil über die Bühne zu bringen.

Wir feiern Geburt, Verstummen, Inkarnation.
Eine Girlande von Stimmen, schräger Chor.

Die Kinder sind entkräftet vom Auspacken,
von Verheißungen, Zuckerbäckerei, Insulin.

Ahnen, Geschwister und Sprösslinge brennen
allmählich aus. Zischen, wenn blaue Flämmchen

verlöschen. Ein schweigender Herzton, ein Tumor,
ein Infarkt, uns zu versühnen. Der fromme Furor.

Fårö

Auf der Insel neben der Insel habe ich Wolken
singen gesehen, alte Wolken überm Strand,
den die Zeit geduldig Stein für Stein schichtet.
Lausch mal, hör doch, murmeln die Wellen.

Aus manchen Liedern sind Schafe geworden,
Weiden und gekreuzte Zäune am Wegesrand.
Aus der Bronzezeit ist ein Funkloch geblieben,
in dem das Wasser wie in Taufbecken steht.

Die ältesten Wolken ziehen über die Inseln
zum Sterben – der Regen, ihr letzter, ist trocken.
Kalk und Sandstein bilden Fels, der unbeständig
ist. Vögel wetzen Schnäbel an der Substanz

und zwitschern: Das alles, das Ganze war gestern.

Ich habe Göttinnen gesehen

Einer dieser Könige

Ich folge dem Licht. Mitten im Leben
    gebe ich meine Pflichten auf
und wandere im Nichts. Dort fand ich
    ein kindliches Versprechen,
das keiner hält. Bin dann zurückgekehrt
    an meinen Platz. Kein König
mehr über Begriffe, sondern Hilfskraft
    im Gewerbegebiet. In der Pause
schlendre ich oft durch eine Pforte hinter
    die Halle. Dort steht eine grob
gezimmerte Bank, ein Fluss plätschert
    vorbei. Eisen rostet im Gebüsch.
Die Kollegen achten mich, aber etwas
    unterscheidet uns. Mir ist egal,
was der Chef uns abverlangt. Das also
    ist Gnade – zu versagen
als Kapitalist. Ließ alles im Licht.
    Den Verlust. In der Mittagspause
gestern, da flog pfeilschnell ein Eisvogel
    vorbei: was für ein Juwel.
Und das Licht. Es ist vor allem hell.

Hotel Athena

Ein Leben lang oder länger werde ich schlafen,
hoffentlich, und wenn du mich suchst,

schick mir einen Traum, nagle einen gültigen
Gedanken mit ausgebreiteten Flügeln

ans Haus, damit ich keine Angst vor Eulen
bekomme – oder Scharfsicht. Ich schlafe

den Raum krumm, Liebste. Irgendwo tief
im Schlummer bin ich bei dir und verloren.

Große Augen gibt es und viele Trümmerteile.
Mit wirren Knochen ruhe ich im Gewölle.

Du hier

Nach gefühlten Ewigkeiten treffen wir uns wieder,
zwischen uns liegen allerlei Kinder, drei davon leben,

eine Katze aus dem Heim, auf Liebesentzug,
vier Wirtschaftskrisen wie ein langer, stiller Nachmittag

im Bett, ein geflüstertes »Tu mir weh«,
die Sehnsucht nach Kratzen, Scherz und Schwelle.

Zahllose Engel hat es gedauert, anzuerkennen: Selbst ich,
ich wäre nicht vertraut mit mir an niemands Stelle.

Wache

Vater, dies ist die Nacht, und ich entscheide mich
dagegen – gegen die alte Macht der Wörter.
Alle Bücher, die ich gelesen habe,

gehen mir nicht aus dem Kopf. Geschichten
wie Dunst auf den Wiesen nahe der Schlei.
Vater, ich will sie in die Welt schicken.

Was soll ich mit so einem ewigen Kopf?
Was ich als Lesen kannte, sind Streifzüge
durch Landschaften. Von mir ist nichts Großes

zu erwarten, solange ich in Lektüren denke.
Ich bleibe wach nächtelang und achte den Klang,
Vater, Klang des Regens, der gerade nicht fällt.

Wie ohne Schluss

Es übersteigt die Vorstellung,
nichts zu sagen,
wenn alles gesagt ist.
Ich lasse den Fingern
freien Lauf, sie sollen spüren,
wo das Aufhören beginnt.
Die Haut über den Schulterblättern,
ich wollte Flügeln sagen,
ist dünn und spannt
mit jedem Schlag.
Das Leben, hauteng.
Für einen Augenblick
passt es perfekt.

Passer domesticus

Hinterlass keine Spuren, notier nicht,
was du erlebt hast, vielleicht südlich
der Alpen auf einer Mauer in der Sonne.
Eine kleine, schillernde Echse näherte
sich dir. Schreib nicht in Bewegungen,
die keiner sieht, weil sie sich bewegt,
dann wieder steht, plötzlich wieder
heranpirscht. Steck dort, wo deine
Hände aufhören, Hände zu sein,
und Wesen sind, die Spuren lesen,
keine Erinnerungen zwischen die Steine.
In den Fugen wächst ein Kraut, das
Trockenheit kennt. Das Tier rennt
bis an den Rand der Distanz zwischen
ihm und dir. Du bewegst dich nicht
und alles nimmt dich hin in der Sonne.
Da hörst du auf zu sein, was du dachtest.
Bist nur, das was du tust, sachte,
sachte läuft die Echse an die Stelle,
wo sie die meiste Sonne tanken kann.
Die glatte schuppige Haut ist ein Wunder
an Glanz und der mit Sollbruchstelle
versehene Schwanz die mögliche Rettung
als Trost. Dann kommt ein flatterhafter
Vogel und stört die Fiktion. Das Reptil
huscht fort, du denkst noch: Catull.

Für Mirko Bonné

Das verlorene Kind

Ein Mistkäfer, geköpft vom Scharfrichter Amsel,
fällt auf die Schnellstraße der Ameisen. Nicht lange
und emsige Mechaniker schlachten den Korpus
aus und schaffen Raum für Neues. Ein Eichhörnchen
findet ein Nüsschen, das irgendjemand vergessen
haben muss. Die größte Gefahr für Idylle geht
von Hundehaufen aus. Sie werden gemieden, bleiben
für die wimmelnden Alchemisten, die den Boden
verkörpern. In der Frühe zieht sich Spinnenseide
durch den feuchten Septembermorgen. Eine Leine
für diese Idee. Herbst steht ins Haus. Nicht anders
als ein Schlussstrich sieht eine erste Zeile aus.

Kollektion

Unterm Strich? Die Nummer 112 nicht vergessen.
Zum Sonnenuntergang den Kontinent enden sehen
in der Bucht der Verschiedenen. Von einem Kind gefragt
werden mit mehr Eifer in den Augen, als nüchtern
zu ertragen ist, was man mal werden möchte.
Was man ist – einer der Entflammten, die der Kontrolle
sich gefügt haben und dafür die Lust entdeckten
am Beobachten der Vögel, der Wirbellosen
oder der Luft zwischen den Schenkeln.
Auf die heillose Frage, was habt ihr heute
in der Schule gemacht, antwortet das Kind
unverfälscht: Nichts!
                    Es hat sich mit der Erde
gedreht und Gelerntes in das dunkle verschlossene
Gedächtnis verschoben, in dem Abbilder von allem
als Todesahnung ruhen. Es weiß von alters her,
dass es Wissen trägt wie geliehene Kleider
und dass ihm eh kein Wort in der härteren Schule
der Sprache geglaubt wird. So oder ganz
anders Vater auf die Frage, wie es war,
bei der Rückkehr von Modemessen,
die Kollektionen und Gewebe im Musterkoffer
ordnend, sprach mit dem Feuer des Misserfolgs:
»Ich habe Göttinnen gesehen.«

Kaspardeutsch

Sprich mit dem Kreuzahorn,
mehr wird gar nicht von dir
verlangt, tanz mit der Esche,
mehr ist nicht zu erwarten,
solange du lebst, war den
Bäumen vollkommen egal,
wo du deine Toten begräbst.

Leg sie dir um den Hals oder
mach sie zu Geld, bevor
der Markt gesättigt ist, es
ist noch nicht entschieden,
ob du Untaten begehen
musst, um sie zu verhindern,
mit dem Leben weitergesponnen
hast du, was begonnen
hat unter Bäumen.

Keiner hat Koordinaten

Die Elbe entspringt im Kaspischen Meer.
Sie fließt durch ein Gebirge
von Himbeeren und Notizen
aus dem Armenien Mandelstams.

Ab und an die Jahrhundertflut
von Walnüssen bis ins norddeutsche
Tiefland, klackernd stoßen sie aneinander
und tuscheln: Alle Menschen
münden in Verbannung.

Salz und Sehnsucht – woraus
wir bestehen, wandert gegen den Strom
zurück in unsere Abwesenheit.

Für Farhad Showghi

Frei Schnauze

Singsang

Wer lauen Gesang wilder machen will,
der muss sich Rilke von den Lippen wischen,
in etwas mit Seele einen Keil zu treiben,
kostet den Komfort. Innenleben, killekille,

kann dafür sorgen, dass die Zähne ohne Gesicht
in deinem Namen reimen: Du musst
für dein Leben kämpfen gegen eine Armee
von Wahrheiten. Du kannst dich ekeln

und wirst es tausendfach. So die Regel.
Ohne Regung lassen Sachen sich bedichten.
Anders die Natur: Sie sprießt und spottet.
Alles, alles Schrott, wenn nicht in Flammen.

Vaudeville im Wald

Über den Forstweg weht ein Hauch
von etwas, das uns ausbremst
in unserem Schwung. Der Wald steht.

Ich folge der Duftspur ins Moos
und da liegt ein Fell mit Pfoten und Fang,
der Balg bebt, lebt aber nicht selbst,

in den Augenschlitzen winden sich Maden,
auch zwischen den gebleckten
Zähnen sitzen die Verwerter –

Getuschel geht von dem Aas aus
und ein Gestank, als hätte die Natur
Schaden genommen. Wir fahren weiter.

Im Gestrüpp bellen Füchse. Ein Klang,
als erbräche sich ein Bauchredner
im Namen seiner Puppe.

Zuckeln

Ich habe dieses Land noch nicht gefunden,
habe es gar nicht verstanden,
die Sehnsucht nach einem Ort ist nur ein Wort,
das alles übersteigt, selbst der größte Verstand
passt am Ende der Suche in eine Hand,
ich sehe die Linien beginnen und enden,
wie sie sich um Leere in der Mitte winden,
keine schönere Freiheit wohl unter Eschen,
durchs Land gehen, nix verstehen, nicht sprechen.

Stell dir vor

Stell dir vor, von Anfang
an der Mensch zu sein,
der du sein wolltest,
Vater nicht erloschen,
Mutter wäre kein Urteil,
vom ersten bis zum letzten
Atemzug ruhtest du nur
in dir. Kindheit – alles gespielt.
Deine Nachkommen tief
in der Welt zwischen
Zunge und Herz.

Stell dir vor, kein Zuviel,
kein Zuwenig an Liebe
in deiner Vorstellung.
Was du ohne Täuschung
verpasstest, andere
Köpfe, andere Körper.
Du trügest dein Leben
anschaulich wie dich selbst.
Stell dir vor, die Amsel sänge
am Morgen für dich, noch nicht
entdeckt und nicht geboren.

Sphinx

Du wirst selbst spüren, meine Zukunft
kannst du mir nur mutwillig und mit
Gewalt und Grausamkeit verweigern.
Mary Shelley

Für den Stotterer aus meiner Klasse hatte Sprache
eine höhere Spannung. Er zuckte mit jedem Laut
am ganzen Körper, als schlügen ihm Funken

aus der Zunge – und langsam ruckelte ein Zug
an Sätzen durch gewittrige Nacht ohne Ende.
Schwer zu ertragen, zu erraten, welche Silbe

der nächste, sichere Halt sein könnte, wenn zuerst
gebrochen ein elend langsames Wo
rt vorbeiratterte, dann ein Fragment

eines anderen aus verlorenem Zusammenhang.
Irgendwann vergaß ich ihn, vergaß sein galvanisches
Kauderwelsch, die Leier und das Leid, bis ich hörte,

er hat sich später vor einen Zug geworfen – genau
vor unserer alten Schu Schu Schu, und ich weiß wie
weiß wieder: das alte Entsetzen, Sprechen in Blitzen.

Frei Schnauze

Vergiss bitte nicht, alles ist erfunden,
das Aufwachen, die eigene Familie, Tiere,
ein Platzregen, der Hochsommer, die Zeit.

Die eigene Sprache – so was von erfunden.
Sie ist ein Gespinst und die Sprache anderer
in ihr, sie ist von vorn bis hinten Fiktion.

Die Fähigkeiten sind bis ins Detail erfunden,
das Lernen erster Laute bis zu letzten Worten,
die das ganze lange Leben Lügen strafen –

sich selbst so lange zu zügeln, bis aus Wut
und Angst und dem ganzen Ersonnenen
Liebe wird, die der Vorstellung entspringt.

Oder vergiss es und erfinde es dir neu.
Wenn du eben noch dachtest, jetzt ist es gut,
wird es zu dem, was du verachtest.

Mit Jaccottet im TGV

Der Zug fährt sehr schnell durch
eine Stadt, in der ich noch nie war.
Ich vergesse, woher ich komme
und wohin ich wohl unterwegs bin.
Je länger ich lebe, desto endloser
die Reise. Je mehr ich mich wehre,
desto enger werden die Fesseln.
Es geht durch die burgundische
Pforte. Die Ketten sind das Wetter
über dem Land, Luft, die sich um
Dinge teilt, Dankbarkeit für ein paar
ruhige Minuten, wenn Türen sacht
schließen. Wenn kein Rätsel bleibt.

Ganz oben auf den Bergen liegt
noch etwas Schnee. Die Farben:
ein helles Braun der Felder und
Häuser, das Grün der Koniferen.
Redegewandt ist die Stimme vom
Band und spricht in drei Sprachen
von der Verpflichtung, irgendwo
zu sein und anzukommen und
nichts zurückzulassen. Woher die
Kraft, dass es beharrlich immer
vorangeht? Zu wissen, was noch
Krise ist, was schon Schuld und
alte Schönheit in neuem Gewand.

Traumreise

Am Gehalt von Träumen zweifle ich nicht,
ich hab klar erlebt, wie viel sie wiegen,
weil ich oft, wie oft, in Nächten klamm
und flach atmend aufwachte: Ich kam
zurück aus dem Ferienlager, allein

verreist als Kind, und klingelte an unserer
Tür. Drückte den Knopf, das Läuten, daraufhin
Schritte, Aufmachen, Licht, und ein fremdes
Gesicht blickt mich fragend an. Ja, bitte?
Mein Gestammel, wo die Eltern seien.

Weg, seien umgezogen, wohin unbekannt,
hätten auch nichts hinterlassen. Rumms.
Da wurde ich wach, begriff überhaupt nichts,
hatten sie mich vergessen oder verdrängt?
Gibt es jemanden, der das nicht kennt?

Du drückst einen Knopf und erwartest
alles Mögliche, vom fertigen Toast
bis zum falschen Alarm. Ein Feuermelder,
eine Brust – der Funke springt über oder
nicht. Ich sehe Träume als Schwärme

von Signalen oder Reizen, enorm schwer
wie Alpen und genauso alt. Sie gehen
auf Reisen durch unendlich viele Köpfe.
Drück jetzt, Alter, drück den Knopf.
Und du wirst sehen, etwas muss geschehen.

Aus dem Labor

Hatte im Schlaf die Eltern
zu betrauern. Der Morgen
kam wie ein Anruf. Ich kroch ins
Erwachen wie sonntags ins Zimmer,
legte mich in die Ritze zwischen
kalte Körper und lauerte auf eine
Regung, ihr Entgegenkommen.
Ein Auge war einen Spalt offen
zum Beweis: Noch ist die Welt
nicht vollkommen verwaist.

Ein Häher stöbert im Garten.
Auf Blättern sammelt sich Tau.
Leben lässt sich vielleicht so
genießen, dass es Erinnerung
gebiert wie Eskapaden. Frisch
geschnittene Sträuße stehen
beim Aufwachen im Zimmer.
Es gibt noch viel zu verraten.
Nur nicht vergessen: Zu guter
Letzt werden Träume ersetzt.

Kindergrafie

Im Ferienlager kostete es
zehn Pfennig Eintritt, die Erektion
eines Jungen zu sehen,

er lag mit heruntergelassener Hose
auf seinem Bett, einer kassierte,
und wir sahen uns an,

was er zu bieten hatte,
einen rosigen, bleistiftdünnen
sehr langen Pimmel

und auf dem Gesicht ein verzerrtes
Lächeln, das mich faszinierte,
ohne Scham oder Freude,

ich zahlte und sah die Maske, die einer trägt,
wenn er auf die andere Seite
des Geheimnisses gerät.

An den Knaben Georg

Ich wollte sein wie du, verloren im Kosmos,
ohne dabei cool zu sein. Ungeborner Enkel.
Aber bei uns fuhr nur ein Bus alle Stunde
ins nächste Kaff, und bis ich vierzehn war,
las ich ausschließlich Preußler oder Blyton.
Das letzte Gold verfallener Sterne leuchtete
mir trotzdem immer völlig ein, alles erlebte
ich tief, tiefer, aber ich verstand es nicht.
Ich konnte deinen Schmerz nicht verstehen
und hatte meinen. Du hast mir nichts geraten.
Klar gibt es einen Gott, allerdings nicht den
aus der Kirche, der nie in die Kirche geht.
Nein, den anderen, der keine Partei ergreift,
der keine anderen Hände hat als unsere.
Der sagt, du bist frei – werde, sei und stirb!
Übers Jahr kamen Vögel und zogen weiter,
von Hyazinthen wurde mir übel, Musik
und Farben deiner Verse berauschten mich.
Was habe ich von dir gelernt? Auf Amseln
zu achten, den Untergang nicht zu fürchten.
Mensch, habe ich gelitten, gelesen. Mais
und Dörfer. Die Welt ohne Mönche. Einmal
trat ein Reh aus dem Gebüsch, dann nichts.

Tilde

Einmal, am Cabo de São Vicente,
trieb ich in einen Strom, den ich nicht
kannte, und fand mich unter Klippen
an einer Stelle wieder, wo im Reflex
je zwei Wellen aufeinander prallten,
strauchelten, sich zu etwas Drittem
wandelten: Kraft und Schaum, die
den Schwimmer kaum trugen, weshalb
ich auftauchte, dann eintunkte in etwas,
das kein reines Element schien, eher
Schreck, vermengt mit Gewissheit, da
war Versinken plötzlich das vollzogene
Sakrament zur Zerstreuung aller Ahnen,
die am Ufer standen und mir von dort
zusahen, unbeteiligt, gleichgültig, was
sie auch taten. Auf Seepferdchen reiten.
Gleiten von einer Seele zur anderen.
Als ich aufgab zu strampeln, da,
erst da spuckte unauslöschlich die
See mich wieder aus. Überall Jordan.
Vom Kliff echoten verrauschte Wellen.
Und Stimmen, alle, im namenlos Klaren.

Inhalt

Ich habe Göttinnen gesehen

Frei Schnauze